Tabla de Contenido

El néctar de las Divinas Enseñanzas

-Domingo A. Montes G.-

[A]

¡Oh! Señor Bendito
por ti he conocido
el néctar de la audición
con la primera gota
méritos y deméritos
¡pierden todo sentido!
la Ley son tus vocales
la Gracia tus consonantes
sentado, acostado
de pie o caminando
mi ser es genuflexo
a la fuente ilimitada
de todo néctar
—-Domingo Montes 21/03/2020

Mi corazón ha sido purificado
con las palabras de néctar
de la sabiduría suprema
—-Yoga Vasishta

hare-kṛṣṇa-hare-kṛṣṇa
kṛṣṇa-kṛṣṇa-hare-hare
hare-rāma-hare-rāma
rāma-rāma-hare-hare
[1]

Prologo

No me había figurado escribir esta pequeña obra, y menos en una época en la cual, la lista de obras diversas en "cola" de elaboración, se extendió ante mi propio asombro –y se extendería más aun-, así que, en plena cuarentena ante la pandemia mundial de 2020, *Él* me indicó: *Escribe*, no fueron necesarias palabras adicionales.

Lector lo he sido de toda la vida, asiduo y devorador, pero escritor es una sorpresa que me doy a mí mismo, que viene a confirmar que, en realidad, no nos conocemos tanto como creemos.

Puede afirmarse que no hay evolución sin autoconocimiento.

Querido lector, tendrás a bien leer lo que fue escuchado, bien harías en leerlo en voz audible para ti mismo; es válida, por supuesto la voz interna que resuena dentro de tu propio ser, esa voz que encontrarás entre la algarabía de tu mente, voz eterna, inefable, allende idiomas y dialectos, es la voz del Señor Supremo.

Todo lo que leerás en este humilde texto, es solo el reflejo, como un espejo fiel, de tu propia voz interna, que te hablará con estas palabras impresas.

Este libro es, entonces, muchos libros, tantos como lectores, y es al mismo tiempo solo uno, como el Señor Transcendental, si no fuera igualmente cierto, que es ninguno, cuando nadie lo lee.

Porque escribir, aún para el más dotado de los escritores, es en parte mutilar. Y necesario es que lo aquí escrito te proyecte sobre lo que es imposible escribir o describir: **Tu relación con Dios**, única, personal, impermeable a expectativas y opiniones de terceros.

Refuerzo el punto con un extracto de la carta de Wittgenstein a Ludwing von Ficker:

Quería escribir que mi libro constaba de dos partes: de la que está escrita, y de todo lo que no he escrito. Y precisamente esta segunda parte es la más importante.

En lo posible, he intentado mantener una secuencia cronológica del contenido, aunque no lo considero de mayor relevancia. La casi totalidad está aquí asentada, sin embargo, si inspirado por este contenido, desarrollas una relación real y tangible con el Ser Supremo, dichos fragmentos serán irrelevantes.

No hay en estas páginas teoría alguna, aunque sí citas, todo lo demás es experiencia pura, carente de especulaciones, solo *su Gracia Eterna.*

Caracas, década de los 70's

Reflexionando un poco en retrospectiva, mis lecturas infantiles, luego de pasar todas las etapas del famoso *Mantilla*, fueron una mezcla inusual, no en vano, tiempo después, algunos amigos me calificarían positivamente de "excéntrico"; Siempre fui un lector especialmente ávido, *Condorito, Memin, Starman, Mafalda,* y todo lo de Ibáñez y Stephen King, alternado con el prolijo esoterismo sin ISBN de la época.

Calarían hondo, sobre todo a fines de esta obra y de mi vida, los textos de Yoga, frescos están aún en mi memoria varios de sus autores: Sri Dinesh, Swami Prabhupada, Swami Prabhavananda, Sri Chinmoy, Raynaud de la Ferriere, Theos Bernard, por alguna razón, las trascripciones en sánscrito completamente ininteligibles, me atraían poderosamente.

Creciendo en un ambiente en donde el sincretismo, era no solo la norma, sino lo lógico y natural, fácilmente absorbí aquellos extraños conceptos, sobre todo el de la Suprema Personalidad de Dios o Krishna.

Sí hubo algún comienzo espiritual en esta vida, ese fue sin duda alguna; de las anteriores lo desconozco, pues con el paso del tiempo y estudios espirituales, la indagación de las vidas pasadas por turismo, ociosidad e incluso simple curiosidad, fue considerado algo muy mal visto, similar a una exhumación por motivos banales.

Hare Krishna (Maha Mantra), tal sería mi primer mantra, por un corto periodo y escasas repeticiones, pero cuya vibración seguiría resonando al día de hoy.

El Mantra del Señor Supremo

Guacara, 12/marzo/2006

Fue esta la primera experiencia que coloqué por escrito, para compartirla con los grupos de sanación de Gochilandia [2]. La escribí en breve, pero tardé varios días buscando en internet, una imagen que se aproximara lo más posible a la de la experiencia que tuve, y que compartí con los grupos de sanación de entonces.

Cuando se tiene largo tiempo en el camino espiritual, la lista de vivencias suele ser extensa, y con el paso de los años, pocas cosas logran sorprender; por ejemplo, si coloco la mano en un miembro de una persona adolorida, y el dolor cede de inmediato, es la maravillosa acción de la energía universal, pero no es una novedad; sin embargo siempre hay algunas experiencias que resaltarán toda la vida, constituyéndose, de hecho, en hitos dentro de la historia personal. Tal es el caso de la que relato a continuación.

Aquella semana, desde el sábado había sentido fiebre esporádica, poco notoria en el caluroso clima diurno que disfrutamos en la ciudad de Guacara, de domingo para lunes tuve trastorno del sueño, y el mismo lunes sentí la fiebre más acentuada y gran debilidad, sin embargo como estaba soldando en casa con mi amigo Francisco, el calor se disimuló entre el reflejo del sol y la soldadura; ingenuamente se lo atribuí a la nueva forma de gripe de ese año, sí me llamó poderosamente la atención que mejoraba al hacer los ejercicios Seichem Reiki Kenyoku [3], pero la mejoría duraba solamente entre 20-25min. Clara señal de que había una lucha intensa en el cuerpo; además empecé a orinar de color muy oscuro, como refresco de cola negra, al final de la tarde nos reunimos en Mawashi [0] el cual me sentó muy bien, ¡como es lo usual!

Esa noche dormí bastante mal, en la madrugada activamos la "*Red de luz*", aquella que se conformó bajo las indicaciones de los Maestros de los planos de Luz, para contingencias [4]; estuvieron trabajando hasta altas horas, en la mañana del martes fuimos al hospital, y de allí adonde nuestros amigos Francisco y Adriana Moreno, donde estuvimos haciendo Mawashi y otras terapias.

La madrugada del miércoles, un indescriptible malestar ardiente me despertó. Mi cuerpo ardía como jamás antes había sentido en mi vida, y en la cabeza sentía una presión tan explosiva, que solo al tercer pulso me di cuenta de que estaba despierto, me incorporé de inmediato, ¡antes de que llegara el cuarto pulso!

Dándome cuenta que podía estar experimentando una crisis de algo serio, y tomando en cuenta que salir de madrugada en un barrio no suele ser la mejor idea, en un esfuerzo inaudito, reuní fuerzas, me senté con las piernas cruzadas y recité el Maha Mantra ininterrumpidamente, hasta que se me enredó la lengua de tanto hacerlo. Pocos instantes después de este punto, de improviso cesó toda alarma y toda prisa.

Una presencia cuya figura me resultó familiar, como emanando de la ventana cerrada, apareció de pie sobre la cama, observándome con una imperceptible sonrisa y grandes ojos azabache. Tendría unos 60cm de altura, acto seguido se encontraba **simultáneamente** sentada en la cama como de 1,2m de alto y de pie de tamaño normal. Todo al mismo tiempo: la emanación sonriente, el estar sentada del lado izquierdo, el estar de pie, tenían esa secuencia pero ocurrían **al mismo tiempo.**

Los pocos movimientos que realizó eran indescriptiblemente armoniosos, cosa que, con esta, solo he visto dos veces en mi vida –la otra fue en el estado onírico-, los rasgos delicados eran como femeninos y la apariencia decididamente hindú. El notorio y gran alivio fue inmediato. Los colores eran más bien niveles de sepia o de gris, muy similares a la figura que acompaña el Mantra/Himno transcrito más adelante en este libro, pero con otro atuendo.

Al desvanecerse esta imagen, escuché un coro perfectamente sincronizado. Eran dos filas enfrentadas, como una especie de pasillo frente a mí. Acompañadas de una sensación que solo puedo definir como "estar entre paréntesis", que percibía de forma no visual, este coro entonó en español el Mantra/Himno, en forma de cántico, por dos veces percibí el coro, más breve en la segunda oportunidad y le dicté a mi amada esposa Yineida lo que escuchaba, en aquella transcripción adoleció quizá de un par de líneas. Estas líneas fueron completadas por el Paramgurú al momento de escribir este texto. La voz del Coro era, al mismo tiempo, muchas y solo una voz.

Ese mismo día me tomarían la muestra que, al día siguiente, determinó que se trataba de Hepatitis B. La noticia me llegó por el celular mientras estábamos en Mawashi por tercer día consecutivo, junto con la indicación de hacer reposo, *ipso facto*.

La figura de este visitante no dejaba de resultarme familiar y rondar en mi mente. Pensé por largo tiempo donde la había visto antes, logrando recordar que el sitio fue el altar de la sede de *Self-Realization Fellowship*, en la ciudad de Mérida. De inmediato indague con las morochas, E. y D., acerca del nombre de la única maestra del altar, pues aquella figura me parecía de rasgos femeninos. Me sorprendí cuando me dijeron que no había ninguna maestra, todos eran maestros.

Al fin mediante descripciones, pude saber que se trataba del Señor Supremo, Paramgurú Krishna, la Suprema Personalidad de Dios. Muchos años atrás había soñado con Krishna, pero en su manifestación corpórea azul, que luce distinta de la que se presentó ante mí esta vez. Esa imagen mental anterior me impidió reconocerlo, aun estando frente a mi percepción psíquica y, más aun a pesar del ¡claro mensaje del Mantra!. Catorce años después, Sri Krishna mismo pondría palabras a esta enseñanza.

He escrito algunos artículos sobre el Dharma, titulados "El Supremo Gurú", en donde recalco un punto esencial: el gurú carece de forma.

El Supremo Gurú no tiene por qué cumplir con nuestras expectativas

En aquello hacia lo que dirijas el verbo, con eso te conectas

Dios no es desde luego un concepto, por lo tanto no puede ser concebido ni conceptualizado

Señor Supremo tu eres el Máximo Maestro de todos los Sanadores, eres la enfermedad y también eres la cura, eres el sanador y el sanado, y también eres el proceso sanador, eres el mantra que brota de nuestros labios, y la respuesta al mismo, causa y efecto son tu juego preferido.

Amados lectores, abrasen el no concepto, la no expectativa, y si no pueden descartar el esperar algo, esperen lo inesperado.

El Himno del Señor Supremo

[B]

El Señor Supremo está en el corazón
El Señor Supremo está en el corazón
El Señor Supremo está en el corazón
El Señor Supremo está en el corazón
de todos los seres que existen
El Señor Supremo está
en las cosas creadas y no creadas
El Señor Supremo está
en todos los sonidos
El Señor Supremo está
en todas partes
El Señor Supremo está
en todos los átomos
El Señor Supremo está aquí
El Señor Supremo está allá
El Señor Supremo está
en todas las dimensiones
El Señor Supremo está
en todas las flores
El Señor Supremo está
en tu corazón y al mismo tiempo en todo el universo
El Señor Supremo está
en todos los tiempos
El Señor Supremo refulge
en todos los soles
El Señor Supremo está
en lo conocido y en lo desconocido
El Señor Supremo está
en todas las formas creadas
El Señor Supremo está
en todas las vibraciones
El Señor Supremo está

en todas las ondas
El Señor Supremo está
en todas las luces
El Señor Supremo está
en lo inesperado
El Señor Supremo está.
El Señor Supremo está.
El Señor Supremo está.

El estado onírico

*Aunque Dios fuese a ofrecernos
la iluminación espiritual
en este preciso momento
rehusaríamos aceptarla.
Aunque hubiésemos estado
buscando a Dios
momentáneamente retrocederíamos
presa del pánico,
cuando estuviéramos apunto
de ver su visión.*
—-Swami Prabhavananda

El Señor debe ser adorado con las enfermedades que padecemos y con todas las experiencias desdichadas y los sufrimientos que nos toque soportar. El Señor debe ser adorado con todas nuestras acciones, incluyendo la vida y la muerte y hasta con nuestros sueños.

Yoga Vashista

El Señor no debe ser adorado con objetos materiales sino con nuestra propia conciencia.

Yoga Vashista

Década de los 90's

No recuerdo si este sueño fue en Flor Amarillo o Guacara; de lo que si estoy seguro es que era de noche mientras dormía. Me encontraba con Héctor E. y otra persona en una especie de antesala. Cruzamos una puerta hacia una habitación más al interior, dentro habían unas pocas personas.

Estas estaban vestidas de negro, e incluso con algo de maquillaje de dicho color, sentadas en el suelo, sobre unos futones. Quienes con sutiles ademanes de cabeza y rostro, me dieron la bienvenida. El ambiente era de silencio obligatorio. Entre los presentes, destacaba una mujer, que resultó ser, tiempo después Maritza G., quien confeccionaría mi primer Rakusu [5].

Miré hacia la puerta por la que acabábamos de pasar, ahora cerrada, y a su lado, contra la pared, sobre una mesa bajita o pequeña plataforma, reposaba una imagen del Buddha Shakyamuni [7]. Estaba acostado sobre el lado derecho y su color asemejabase a la concha de la castaña.

Al volver de nuevo mi atención al centro de la habitación, tanto los que estaban sentados en el suelo, como los que estaban de pie comenzaron a entonar un rítmico mantra. Me uní a ellos. Cada repetición era reforzada con un cierto doblez de rodilla, por parte de quienes estábamos de pie, enfatizando su cadencia.

Shin Fu Zen
Shin Fu Zen
Shin Fu Zen

Se repetía, muchas veces, una y otra vez, hasta alcanzar una especie de auto-sostenimiento, similar a aprender a andar en bicicleta: cuando después de algunas pedaleadas algo trémulas, ya la bicicleta anda por impulso propio sin dificultad, el *momentum*. En ese punto en que, el mantra era auto-sostenido [6], marcó un punto crucial.

La imagen del Buddha cobró vida y se levantó de su sitio, empezando a danzar. Desde el primer movimiento de la posición de acostado hasta la danza misma, eran de una belleza y excelsitud imposibles de describir en idioma humano alguno, poesía incluida. Mientras efectuaba esa danza más allá de toda medida para lo bello, el escenario fue transformandose mientras el danzante se transfiguraba en Krishna. Y junto con el escenario inicial desapareció a su vez por completo. Me encontraba ahora en un sitio con poca luz y frente a mí una especie de pasillo, con rejas tipo alfajol como paredes, que recordaba en algo las prisiones.

De repente, una voz que resonaba en todos lados, como la de un locutor deportivo, dijo: *El Buddha es el multiforme*, al escuchar estas palabras, percibí mentalmente, a una distancia que se me hacía infinita, al danzante. Uno de cuyos brazos asumía la forma parcial de un dragón. Desde aquel punto remoto del universo en que se encontraba, estiró su mano, llegando hasta el lugar y entró recorriendo pasillos y espacios, salió por el otro extremo del pasillo, una gran mano azul con una pulsera, la cual estirándose más aun, se dirigió hacia mi cabeza. En ese momento dominado por el Karma del miedo, la esquivé y empujé en su dirección a una mujer que conseguí a mi lado, la cual esquivó a su vez la Mano Divina, dejé que pasará de largo, sabiendo incluso en el sueño lo que aquello implicaba, desperté.

—oOo—

16/08/2016

¡Esas palabras No!, aquello que hablas es lo que ordenas a mis energías, que manifiesten en tu mundo.

El estado de entrevela

23/08/2022

No pudiendo conciliar el sueño, dedique ese tiempo al Maha Mantra, en ese limbo entre el sueño y la vigilia, durante el cual el tiempo parece diluirse y no se sabe con exactitud cuánto ha pasado. En cierto momento, cruzó por mi mente la conocida frase *"El señor habita en el corazón"*. Al dirigir allí mi atención, la cabeza del Supremo Gurú giraba lentamente, sobresaliendo un poco de mi cuerpo físico, continúe sosteniendo el mantra, viendo al Señor al mismo tiempo dentro y fuera, en manifestaciones diferentes.

- Dormido, despierto o trasnochado, en un cuerpo o fuera de él, claro o confundido, consciente de mí u obnubilado, yo soy el omnipresente, independiente de cualquier estado, y al mismo tiempo, dichos estados son también mi emanación, yo soy la imagen de mi percibida, la voz de mi escuchada, y soy también lo que no se ve y lo que no se oye, soy lo que los sentidos alcanzan y también lo que les es inalcanzable. Soy el Amor que rebasa toda medida humana o divina.

Baghavan Krishna

El estado de vigilia

[D]

—-Chuang Tse

San Diego 2012

En un cierto momento, durante las prácticas de visualización del centro cardiaco, en las cuales aparecían juntos Sai Baba y Jesús el Cristo, estáticos como en una estampa, surgió en su lugar la imagen *animada* de Bhagavan Krishna. A partir de ese momento, toda dificultad para visualizar desapareció, volviéndose algo natural y espontaneo. No pasarían muchos días, cuando al visualizar a otras personas, animales e incluso árboles, esta imagen, apareciera en el corazón de los mismos, y en el caso de los árboles en el tronco principal, sin embargo la imagen se mostraba como estática, y en el reino vegetal con solo dos dimensiones.

Para aquel que Me ve en todas partes y ve todas las cosas en Mí,
Yo nunca estoy perdido para él, ni él nunca está perdido para
Mí.

Baghavad Gita 6-30

—oOo—

San Diego 2019

Por la meditación, aun el más ignorante o malvado, vuelve a
mí, con total certeza.

—oOo—

Cierta tarde, al llegar a la entrada de la torre, allí hay una jardinera frecuentemente usada de banco para sentarse. Saludé a un vecino que estaba en ese lugar, el cual me devolvió el saludo. Sin embargo noté un detalle que llamó poderosamente mi atención: los ojos, exclusivamente los ojos, eran diferentes, me refiero al globo ocular. Precibí esto que acabo de decir y en breves instantes seguí mi camino.

Al abrir la puerta del apartamento, como siempre, la perrita, estaba muy contenta de que uno regrese, me recibió con alegría. Sin embargo, en esta ocasión, había en ella algo diferente: ¡tenia ojos de gente!, los mismos ojos que había notado hace unos instantes, esos ojos negro azabaches, ¡Oh! Pero sí son los ojos del Señor del Universo. Todos los ojos son sus ojos, incluidos el Sol y la Luna.

Por doquier están sus manos y piernas, sus ojos y rostros, y Él lo oye todo. De esta manera existe la Superalma.

Baghavad Gita 13-14

—oOo—

Me gusta y me da miedo
No sé cómo explicarlo.
—-Diviana

Conduzco como muchas veces en sentido a El Remanso, veo el cielo san diegano. Por un instante, me digo: "Que tontería nombrar así los cielos, valenciano, guanipense, caraqueño, guacareño...". Como si el mismo cielo no pudiera ser visto desde las localidades aledañas; Cuando veo los vehículos a mi alrededor, para decidir sí me paro a un lado, o espero el azar del semáforo y así tomarle una foto, destinada a mi álbum de cielos tan hermosos, y particularmente formados como este, sobre todo al estar presente la manifestación de las Virtudes, al bajar la vista, veo conductores, pasajeros y peatones, muy estresados, en angustia, colgando de las "perreras" unos, sin ganas de vivir otros, en total inercia muchos, como vaya viniendo los más, toda la densa masa era claramente perceptible, ante semejante contraste y para ver el semáforo, desplazo mi vista brevemente hacia el cielo y sigue tan bello como hace un instante, por el resto del recorrido veo ambas perspectivas al mismo tiempo, bello, feo, sublime, horrendo, luminoso, oscuro, glorioso, recalcitrante, todo está en su sitio, todo estuvo siempre en su sitio.

En otra ocasión, manejo en el mismo sentido, delante de mí va una camioneta inusualmente percusia, con su respectivo "lávame" escrito por el dedo de algún adolescente, me quedo viéndola mientras espero el semáforo, viéndola por lo que tiene escrito en el vidrio de atrás, viéndola por lo mugr... no, no hay tales adjetivos, sencillamente no aplican, todo está bien y en orden, todo es como debe ser, sin *prioris*; Cambia el semáforo, veo a los lados, la ubicación espacial no es lo que solía ser, detrás o al lado solo persisten como conceptos, la totalidad vehicular se percibe como un solo organismo; algunos vehículos botan el humo característico del mantenimiento fallo, suena una correa resbalando por allí, mi propio Fiat hace ruidos fuertes de gomas vencidas, la mugre de la camioneta es escarcha preciosa, el humo del escape neblina montañera, los diferentes ruidos de los vehículos mantras entonados por seres celestes, todos son otra cosa, sin dejar de ser lo que siempre han sido, también son iguales mientras son distintos, paso el Hipermercado y todo continua de la misma manera, las abolladuras y rayones eran preciosos detalles, la totalidad de los conductores y pasajeros actores de una obra de nombre desconocido para mí, no hay cabida para el asombro o la sorpresa, el nombre de la obra pierde toda importancia, cruzo a la derecha y sigo respirando.

—oOo—

Canoabo, enero del 2020

[E]

En la cumbre de Canoabo, acostado boca arriba bajo la sombra de un árbol grande y amable, observaba sus hojas. En todas y cada una de ellas había un universo. Aun cuando las hojas eran del mismo tipo, los universos que en ellas estaban contenidos eran de una variedad incalculable; algunos incipientes, otros albergaban civilizaciones avanzadas.

De pronto el ruido de una moto y las voces de las personas que en ella iban, interrumpieron mi contemplación, me hicieron voltear hacia la vía. Al regresar la atención al árbol, la visión seguía tal cual, exactamente como el árbol mismo, algunos universos mantenían comunicación entre ellos, mientras otros permanecían en la ilusión del aislamiento.

He aquí yo iré al Oriente, y no lo hallare; y al Occidente y no lo percibiré; Si muestra su poder al Norte, yo no lo veré; al Sur se esconderá, y no lo veré.

Job 23:8-9

Por un rato mi mente divagó por temas aledaños. Una vez más, al volver mi atención al árbol, universos sin número allí había, algunos se encontraban en vías de disolución, otros en pleno proceso de gestación. Otros existían sin existir o lo hacían en potencia, aun sin concretarse.

Con la vista recorrí otros árboles y arbustos a izquierda y derecha, y descubrí que en todos era lo mismo, innumerables universos pululaban en las hojas, las ramas, las raíces...

Levanté la mirada hacia el cielo nutrido de nubes. El centro de ellas cargadas de agua, oscuras como el interior de un vientre, oscuras en su potencial de vida, y en cada gota otros tantos universos aún más innumerables. Algunos se dividían, otros se fusionaban, en un incesante y casi incomprensible proceso evolutivo.

—oOo—

[F]

Con el Valle de Canoabo como panorama tangencial, Jesús, Yineida y yo meditamos sobre los Divinos Atributos. En esta ocasión correspondía la Omnipresencia. Una vez establecida la meditación, sentí la presencia de Krishna a mi derecha; e inmediatamente, Él se sentó a meditar con nosotros.

Me llamó la atención que no estábamos alineados los tres. Por unos instantes, abrí los ojos, Krishna continuaba allí, exactamente en el mismo sitio de mi joven hijo, quien estaba totalmente disperso, entretenido con los dedos de sus pies; en ese mismo instante, la dimensión de esta forma de meditación se hizo más profunda: Omnipresencia. El Señor está presente en la meditación profunda y en la ligera, con los ojos cerrados o abiertos allí está Él, en la distracción del niño con su propio pie, y en la perfecta postura meditativa de Sri Krishna, el Señor está en él mismo, él meditaba en nosotros tres y los diferentes estados de concentración, todos a Él correspondían, Él era yo viéndose a sí mismo. Y este el mensaje a los meditadores:

-La OMnipresencia lo es de espacio, tiempo y circunstancias.

Unos días después, mientras reflexionaba sobre la narrada experiencia, me encontraba pensando de esta manera: En todos los tiempos, para muchos Yoguis, Devotos y Místicos, la cumbre de la práctica espiritual consiste en ver al Señor o la deidad del Yidam, aunque sea una única vez, incluso fugazmente. Sin embargo, aun teniendo esta experiencia en diferentes estados - el meditativo, el del sueño, el de la enfermedad y el de la cotidianidad-, no me había embargado ese tipo de sensación, era evidente que mi jornada distaba mucho de llegar a puerto, y no tenía idea del trecho recorrido o por recorrer.

Al pensar así, Krishna apareció de pie frente a mí y sonrió en silencio. En ese instante, entendí que se trata de un hito en el camino, y no necesariamente un destino final. Entonces, el Señor pronuncio estas Divinas Palabras:

- Un Yoga puede conducir a otro.

Mentalmente me incliné ante el manantial supremo de toda enseñanza, el Señor se disolvió en la imagen del mar, acompañada de un pensamiento Divino:

Ver el mar es sin duda, una maravillosa visión, pero no es comparable a bañarse en él.

—oOo—

San Diego, Febrero 2020

[G]

Habiendo iniciado la caminata de salud de esa tarde, y queriendo aprovechar aún más ese espacio de tiempo [8], comencé a entonar al Maha Mantra con cada espiración. A las pocas repeticiones, el Señor Supremo, apareció flotando, acostado a la altura de mi barriga más hacia el lado derecho, del tamaño de un bebe.

Mientras avanzaba. Miré hacia el resto de la avenida y el camino que aún quedaba por recorrer. Y como cosa natural en toda la línea de árboles de Nin que bordeaba la avenida, observé que algunas hojas eran los oídos y otras los ojos del Señor.

¡Oh, Señor del universo!, ¡oh, forma universal!, veo en Tu cuerpo muchísimos brazos, barrigas, bocas y ojos, expandidos por doquier, sin límites. No veo en Ti ningún final, ningún medio ni ningún principio.

Baghavad Gita 11-16

—oOo—

San Diego, marzo 2020

[H]

Esa tarde se antojaba particularmente fría. En la avenida, dónde acostumbro hacer mi caminata, al devolverme en el tope, observé a lo lejos los árboles de Nin. Y mientras empezaba a recordar una de mis experiencias previas, esta rememoración fue interrumpida por la voz de Krishna:

"Todos los yogas son parte de un árbol único, unos son unas ramas y otros otras, las ramificaciones sus respectivas subdivisiones, las hojas los libros sagrados sobre las cuales se sustentan, las flores el karma cercano y las

frutas el lejano, las raíces los yogas ocultos a quien no puede penetrar hasta ellas; todos se alimentan de una savia común llamada Prana, las diferentes especies de pájaros y otros animales que hacen vida en dicho árbol, son los yoguis, los siddhas, los arhats, los santos, brahmanes, monjes y místicos de todas las épocas, algunos vienen de visita y otros hacen del yoga su morada permanente, mientras otros se conforman con admirar su belleza desde lejos, también hay los que se sientan a su sombra sin treparse nunca, y los que son atraídos sólo por sus frutos o beneficios, los samanas y los nagas habitan en sus raíces"

En estas Divinas Palabras consistió la Divina Enseñanza de aquella fría tarde. Hago genuflexo mi ser ante la fuente de toda sabiduría.

—oOo—

San Diego, 20/03/2020

Que los seres humanos se asombren, de las consecuencias de sus propias acciones, y no comprendan cabalmente las causas que las producen, a eso se llama Maya [9].

—oOo—

San Diego, 23/03/2020

El autoengaño es victoriosamente vencido, siempre, por el auto-conocimiento.

—oOo—

San Diego, 24/03/2020

Nada puede verse en tu exterior que ya no esté en tu interior,
esa es la razón de que me percibas sin particular esfuerzo.

—oOo—

San Diego 25/03/2020

Mantener la atención fija en mí, no requiere esfuerzo alguno, soy el Supremo Atrayente en todos los universos, cualquier dificultad es ilusoria, es como cerrar los ojos al mediodía y decir que ¡el sol no está allí!

Quien así afirme: "Conozco al Señor", en ese mismo momento me ignora.

—oOo—

Dedicándome largo rato al Maha Mantra, el destinatario último de toda oración, el eterno oyente, el Amo Supremo de todos los sonidos, se hizo presente. Continúe con el Mantra, tal y como está establecido por las reglas de la concentración, válidas en cualquier universo.

El Baghavan, de una talla triple a la humana, se recostó sobre la cama, apoyándose sobre un codo y sosteniendo la cabeza divina con la palma de la mano, en la actitud de un oyente. Una hermosa y sencilla diadema de oro adornaba su frente, contrastando con su negra cabellera, del color del espacio infinito.

Sentí ganas de tocar el cabello divino, a lo cual de entrada me abstuve. Haciéndolo al darme cuenta de que tal era su voluntad, al tocarlo con gran suavidad, mi mano izquierda giró por sí misma, como quien acaricia la cabeza de un niño chiquito. Hacer esto y producirse un cambio en la pronunciación del mantra fue uno y lo mismo. Esta nueva pronunciación no solo era más armónica, sino que permitía acelerar notoriamente la mantralización sin inconveniente alguno.

Pero esa era solo la menor de las bendiciones. De hace mucho había experimentado, tanto en lo que a Mantras respecta y también en otras técnicas y en el diario vivir, el *momentum de inercia*, gracias al cual la mantralización se mantiene por sí misma fácilmente, sin un esfuerzo excesivo del cuerpo o la mente. Aun así, las cifras de millones de repeticiones señaladas en los libros sagrados de la antigüedad, en cuanto que son literales y no poéticas, seguía siendo una proeza tan legendaria como inalcanzable. Debo acotar que, nunca me he propuesto ni planteado, ese tipo de metas, como no fuera en lejanos sueños.

Sin embargo, quiso el Señor de todos los universos que profundizara en esta ciencia, permitiéndome experimentar con su presencia, un *momentum de inercia ulterior*, aún más profundo y hasta ese momento, totalmente insospechado. Si bien el primero facilitaba el continuar, este segundo ¡dificultaba detenerse!, al punto que, es posible pasar del estado de vigilia al estado onírico sin interrumpir el Dharsana, así practicado de continuo.

Y allí, en el preámbulo tenue del estado del sueño, el Amado Krishna, el origen de toda sabiduría, el perfecto administrador de toda enseñanza, la realización última de todas las Yogas, el principio donde todo termina, el fin donde todo comienza, me mostró en mí mismo, la entonación del Mantra de la abeja.

—oOo—

Guacara 05/06/2020

*Verme, escucharme, percibir en cualquier forma mi Suprema Personalidad, es el **Yoga sin rodeos;** la **sinceridad** es el ingrediente que, puesto en cualquier mesa, ya opulenta, ya un paño raído sobre el suelo, atraerá sin falta al Invitado que toda la creación añora, aún sin saberlo.*

—oOo—

Así como un insecto sobre una hoja, una lombriz en las raíces, un observador lejano, un pájaro que vuele por encima y un ciego que lo palpe, darán diferentes descripciones del mismo árbol, así diferentes hombres, según su percepción individual y limitada, hablarán del Yoga como si de Yogas se tratase. Pero en toda la multiplicidad yo soy la unidad trascendente, soy el árbol, soy todos ellos y soy el proceso perceptivo.

Hablar de este o aquel Yoga, es como pretender que un brazo o una pierna tengan vida propia e independiente, el cuerpo es Unidad y así es el Yoga.

—oOo—

San Diego 08/2020

Sin desapego, el yoga es incompleto, las expectativas son asimismo apegos, siendo el yoga la Unidad absoluta, un yoga incompleto, no puede ser llamado yoga.

—oOo—

San Diego 14/11/2020

Tanto el que siente que toda su vida es un fracaso, como el que piensa que es exitoso en todo, están profundamente sumergidos en la misma ilusión, cascadas, remansos, pozas y desembocaduras son todas parte integral de un único río.

San Diego 02/01/2021

Creer que las hojas son independientes del árbol, eso se denomina Maya.

—oOo—

Guacara 13/11/2021

Yo soy el objeto último de toda búsqueda desde tiempo inmemorial, soy de lo que huyes, y lo que te es indiferente, soy la meta, los caminos y los caminantes, no hay un instante de tiempo en que yo no esté y lo atemporal es también mi ámbito.

—oOo—

San Diego 15/11/2021

Mientras aguardábamos la segunda toma de muestra sanguínea, nos encontrábamos en el área verde. En un determinado momento, en el ruido constante de los vehículos los pájaros y el murmullo del ambiente en general, hubo una especie de pausa sutil, reanudándose de inmediato, pero algo había cambiado: los ruidos eran los mismos pero eran distintos. Se escuchaban todos juntos pero sin perder su individualidad; cada sonido era único y parte del todo al mismo tiempo.

***Segundos más tarde, lo percibí a Él: el único origen y Amo indiscutible de toda vibración sonora, y también del silencio. Estaba sin estar, sin forma definida; su forma era el sonido mismo. Miré hacia el frente, pasando la vista a lo largo de la arboleda, hasta donde la vista lo permitía. Cada brizna, cada hoja, cada rama eran percibidos de igual forma, cada hoja resaltaba como entidad única sin dejar de formar parte de su rama, del árbol, de la arboleda, del mundo vegetal, de los seres vivos, del planeta, de todo el universo y de la totalidad de universos. Eran todos ellos en simultáneo.

Mientras evocaba en mi memoria esta experiencia para trascribirla aquí, el Amado sin igual, Krishna pronuncio estas palabras:

-La facultad de percibirme, en todo tiempo, lugar y circunstancia, sin excepción alguna, se denomina Yoga. Quien me busca enarbolando la bandera de la sinceridad, mi gracia le es fácilmente asequible.

—oOo—

San Diego 09/12/2021

Iba en la camionetica ya muy cerca de la parada en que debía bajarme. En un instante tuve la sensación de *Él* sentado junto a mí. A mi lado derecho iba una señora; al voltear a verla, sin dejar de ser ella ni transfigurarse, era el destino último de toda la creación, el que desconoce de rivales, el Baghavan sin par, la señora permanecía normal, pero en el semblante de ella Krisna sonreía ligeramente.

Miré de nuevo hacia adelante y pedí la parada. Todas las personas eran quienes eran, pero al mismo tiempo eran el Señor. Incluso el rostro de los billetes que tenía el colector, aún sin ser visibles por estar en la paca, eran también su divino rostro, daban la impresión de decir algo, de murmurar muy suavemente, un susurro casi intangible.

Me bajé de la camionetica y todos eran Él mismo: choferes, pasajeros, el motorizado y la transeúnte que casi atropella. En unos Krishna aparecía animado y en otros en letargo, según el nivel de consciencia de cada cual.

Al cruzar el semáforo, mis ojos se posaron en un montecito con unas pocas florecillas. Estas emitían un canto, casi audible, y al ver la fila de árboles, cada uno de ellos -cada rama, hoja, brizna de hierba, flor-, se percibía en su individualidad. Incluidos los seres vegetales que escapaban a mi vista física, los insectos incontables y muchos más aún microrganismos imperceptibles, elevaban su voz múltiple pero a la vez unísona, aun los que estaban a gran distancia se escuchaban paralelamente con los que estaban muy cerca, los del plano terrenal y de otros planos y dimensiones, todos eran una sola voz, una voz que sonreía al decir:

- *Soy Yo, Soy Yo, todos Soy Yo.*

Mientras seguía caminando, seguía escuchando esta voz o voces, que provenían de todas partes pero sin venir, por estar eternamente presente sin distancia alguna, en ese momento, una voz más que venía esta vez de mi centro cardiaco se unió al coro Universal, fundiéndose todas en una sinfonía indescriptible, resonando en el espacio infinito, sin principio ni fin:

- Soy Yo... Soy Yo...

—oOo—

San Diego 07/07/2022

- Lo que ahora ves, por imperfecta que sea tu percepción y nebulosa tu interpretación, también soy Yo.

- Hay solo una respuesta a todas tus preguntas, esa respuesta única, eterna, insuperablemente satisfactoria, el amante, el amado, el amor mismo y sus expresiones, la ignorancia, la pregunta y la respuesta que disipa Maya, no son más que Yo mismo.

—oOo—

Guacara 05/01/2025

Estaba en el patio, habían varios mangos verdes bajitos, habían más personas, de pronto mi visión se volvió 20/20 y la rama de los mangos resaltaba sobre el fondo, como si estuviera en un *layer* individual, ví otros arbustos y les pasó lo mismo, ya sabía entonces que era *su* presencia, de los mangos verdes salía una voz como incompleta: "o, o, oh oh", por un instante pensé en el HOHOHO de San Nicolás, de inmediato el sonido –como todo lo que es tocado por Dios- se clarificó, *Ommm, Ommm, Ommm,* ¡los mangos entonaban el Om! Acto seguido las hojas entonaron: *Nama,* las ramas: *Krishna,* y el tronco principal: *Ya.*

Om Nama Krishnaya - Om Nama Krishnaya - Om Nama Krishnaya.

El llamado a la acción instantánea del Señor de todos los Universos.

San Diego 25/04/2023

Mientras esperaba a Yineida de su clase de canto, utilice ese lapso de tiempo para dedicarlo al Maha mantra. En breve, la presencia del Señor Supremo danzaba suavemente en la palmera que estaba frente a mí. No había brisa, y la palmera no se movía, pero cada rama era un brazo de Krishna danzando hermosamente, por momentos cada hoja danzaba individualmente en indescriptible armonía y gracia, pasaron carros y personas, sin que ello alterara en lo más mínimo la divina visión, me senté usando la modalidad de mantra espira-inspira, que permite no detenerse o interrumpirse ni por un momento. Entonces una línea de figuras divinas amalgamadas en tamaños y posturas diversas, se presentó en una suerte de línea chaflaneada hasta casi tocarme. Rápidamente y sin esfuerzo entre en *momentum*. El fuerte ímpetu elevo mi espíritu pero no me sacó del cuerpo. Observé los árboles, cada árbol era Dios en persona, presente en toda su majestad, sin dejar de ser árbol, este estaba inmóvil pero al mismo tiempo el Señor en el danzaba, sonreía, *era*.

El mantra se volvió miríadas de partículas infinitesimales, y cada una de ellas era también el Señor, volteando en todas direcciones, absolutamente nada escapa a su mirada en cualquier dirección.

De pronto Él estaba por todas partes, manifiesto y no manifiesto, presente y ausente a la vez, los opuestos se fundían en una sola realidad. Todas las plantas eran su cuerpo; las paredes, las casas, y hasta las alcantarillas eran cuadros con su imagen Divina.

Los adornos de la acera, no eran solo decoración, eran adornos de su cuerpo inmortal y eterno. Ahora todo, absolutamente todo, incluso más allá de la vista y más allá de donde llegaba mi mente, era Su cuerpo. Pasaron varios vehículos, y en ellos, simultáneamente el chofer y el vehículo eran Dios mismo, sin desaparecer la imagen anterior. El Señor se encuentra dentro del Señor, dentro y fuera son su ámbito, no existe nada que no sea *Él*.

Acto seguido, las innumerables moléculas del piso tenían cada una su rostro, y en un instante Krishna era quien entonaba el mantra que salía de mis labios, que siempre habían sido suyos.

San Diego, 13/06/2023

Mientras caminaba hacia la parada, vi alguna persona cruzando la calle, y de inmediato me percaté: es *Él*. Al ver alrededor, de forma instantánea todos lo eran, incluyendo las personas que no podía ver por estar dentro del transporte público, dentro de los locales y los galpones de la zona, y en 360 grados a la redonda, no podía verlos pero los percibía por todas partes, incluyendo a los desencarnados, todos y cada uno en su papel respectivo dentro del vasto teatro divino. Al voltear hacia la canal y las plantas que allí había, todas eran también El Señor. Las ramas eran casi todas sus brazos, algunas el torso y otras partes corporales, pensé en aquellas cuando eran brotes y antes cuando eran semillas cada etapa siendo igualmente Él, Omnipresente, sempiterno, y la voz dijo:

-Siempre han sido mi Ser, lo eran antes de siquiera existir, lo son sin haberlo sido, surgen, permanecen y cesan, yo soy la eternidad en todo aquello.

—oOo—

San Diego, 12/11/2023

Esa mañana íbamos al hospital para revisarme los puntos de mi intervención quirúrgica reciente, se esperaba que me los retiraran, para lo cual hacía falta un bisturí. Me quedé en el estacionamiento de la farmacia mientras Yineida entraba. En dos palmeras al frente, en todo el borde opuesto del estacionamiento, una un poco más alta que la otra, los pájaros hacían algarabía. Los escuché unos momentos, y el sonido de los pájaros se volvió divino sonido. Todos aquellos cantos tenían un único originador, eran la voz de Dios mismo. Cada palmera se mostraba como un universo individual pero comunicado con el otro, y algunos pájaros eran Avatares del Señor, que se comunicaban entre sí. En ese momento, de entre toda la algarabía, pero sin modificarla para nada, de entre todos aquellos sonidos cantarines se formó *Su voz*:

- Esa comunicación que percibes, es parte de mis juegos eternos, pues Yo no la necesito, siendo omnisciente de mí mismo, lo sé todo en todo momento, y así mi auto conocimiento es perfecto.

Lo sé todo de mí mismo, ¿conoces tu todo sobre ti mismo?

- Me encantaría tanto poder responder afirmativamente mi bello Señor.

- Por no conocerte plenamente es que no me conoces por completo, pero la parte no puede contener el conocimiento del todo, y este misterio no es una limitación, cuando no quede ya nada por conocer entonces te fundirás en Mí, y no habrá entonces más escondites.

Al igual que los niños que, sabiendo donde se esconde su compañero, pasan de largo haciendo como si no lo supieran, así jugamos también mis criaturas y Yo.

—oOo—

San Diego, 17/11/2023

Mientras planchaba un poco, cobre consciencia de mi cuerpo. Aún podía sentir los dolores eventuales del postoperatorio. Al instante siguiente, la sensación de mi cuerpo espontáneamente se transformó en la del cuerpo de Krishna. Entonces todo lo que señalo a continuación ocurrió simultáneamente y en perfecta armonía:

A. Seguía planchando.
B. Ejecutaba el Yoga sin Rodeos.
C. En mi oído derecho, escuche el grito de un gran ave y supe que era un Garuda, mascota del Señor.
D. Sin dejar de ver lo que hacía en este plano terrenal, monté en el Garuda y veía continentes y océanos de un planeta espiritual lejano.
E. Al mismo tiempo el Señor explicaba el porqué de dichas visiones, y el porqué de las diferencias entre lo visto en mi mente y los dibujos en libros.
F. Al ver tres cosas al mismo tiempo, supe que el Señor veía a través de todos los ojos sin inmutarse y sin ningún esfuerzo particular. También veía a través del Sol y de la Luna y de todo lo que existe. De igual forma veía la totalidad de lo ocurrido en el pasado y la totalidad de las posibilidades futuras, con la misma facilidad con la que uno puede pestañar. Nada escapa a su vista.

- Así como un amigo te presta un juguete, un libro o una caracola, así yo también, a quien me plazca bajo la gracia, presto mis ojos divinos, quien así lo vive, él está en mí y yo estoy en él, sin importar la forma en que se manifieste en cualquier mundo.

—oOo—

San Diego 16/07/2024

Subía por la avenida, una tarde clara bañada por un sol amable. En una breve pausa, inspire profundamente y vi las montañas, hermosas y perfiladas por la luz, la visión divina despertó en mí una vez más: sentí que eran el cuerpo del Señor, modeladas por su voluntad. Había una de ellas que tenía tres vegas paralelas, pensé en los tres tesoros del Buddha Dharma, e inmediatamente en las fuerzas geológicas que le habían dado esa forma particular a lo largo de milenios.

- Soy los procesos y las leyes que rigen lo creado, soy los ciclos y el enmarañado de los bio-sistemas, soy el origen, el proceso y el resultado final, soy la gravedad y lo centrípeto, y toda ley conocida u oculta.

Yagua, 20/07/2024

Esperaba el transporte público en la parada cuando mi mirada se detuvo en un árbol que siempre ha estado allí, en diagonal. Al inspirar profundamente, se destacó sobre el fondo, vi sus hojas movidas por el viento, y de repente, se volvieron pájaros sin cuerpo, que las movían danzando sin despegarse de sus posiciones. Entre todos bailaban un danzar cósmico, coordinado, como si el universo entero participara en esa pequeña danza. Al observar en detalle, algunas eran danzarines antropomorfos de razas diversas, el árbol era un universo de muchos niveles: las ramas eran galaxias, los gajos de hojas sistemas enteros. Hacia arriba había un cumulo particularmente llamativo: Crustáceos inteligentes eran la raza dominante. Esto me sorprendió un poco.

- Y los ojos que ven todas estas cosas, son también los míos.

08/10/2024

- *Quien de mi carece, ninguna otra cosa desea. Quien a mí me tiene, todo deseo inferior le es absurdo.*

En breve un solo pensamiento a mi dirigido absorbe todos los demás en mí, pues yo soy la inquebrantable concentración, la meta sin dirección y el Señor del tiempo.

18/10/2024

- *Aún lo predeterminado, necesita de un hacedor, ¡Oh monje! Realiza las acciones por mi dispuestas en el indeterminado entramado del teatro cósmico.*

07/02/2025

- *Deja que los teóricos discutan sobre mí de por vida. Escucha mi voz, toma mi mano y ven conmigo.*

Los juegos del Señor Supremo

San Diego 2015

En ciertos días, estuve muy abrumado por todo tipo de situaciones, que se multiplicaban rápidamente sin tregua, y surgían a un ritmo más rápido de lo que podía capearlas. En un momento durante el cual las repasaba mentalmente, hubo un *flash* mental que me dejó brevemente perplejo. Pasada rápidamente la perplejidad, lo vi con claridad: en todas aquellas tribulaciones solo estaba *Él*. Con una sensación parecida a los niños que intentan aguantar la risa tras alguna broma cuidadosamente rebuscada. Con el corazón ligero, mentalmente le dije:

\- Creo que te he descubierto, Señor. Eres tú, siempre has sido tú. Todas las dificultades son tú disfrazado, gracias por tomarme en cuenta, gracias por disfrazarte para acercarte a mí.

—oOo—

Guacara 17/09/2023

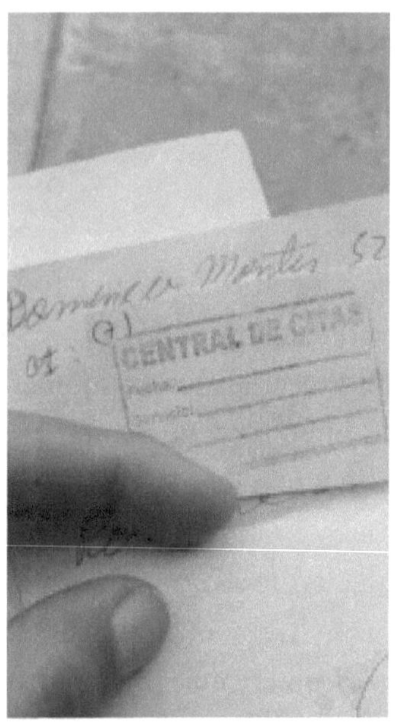

Desde temprano estaba en la cola para pedir una cita médica en el hospital de Guacara, este suele ser un proceso tedioso e incómodo. En ese sitio no hay asientos, salvo el piso o alguna jardinera, ni baños, ni techo que guarezca de la intemperie.

A cierta hora de la mañana, parece que es la hora de desayunar de una especie de mosquitos, particularmente insidiosa, que en criollo conocemos como *mosquitos coñeros*. Su característica principal, aparte de lo diminutos y rápidos, es que le encanta la humedad de los ojos, a los cuales como obsesos tratan de meterse sin descanso. Son casi imposibles de aplastar como otros mosquitos, y suelen andar en nutridos grupos.

Así que estos mosquitos se activaron a su hora. Uno de ellos voló directo a mis ojos, moviendo la cabeza brusca e inopinadamente lo esquivé un par de veces, pero allí seguía, insistente, de pronto viéndolo frente a mi cara, m mi mirada captó las paredes al fondo, el cual era mayormente azul, al ver el azul con atención: el azul era Krishna, recorrí aquella infraestructura con la mirada, y todo se reveló como el cuerpo de Dios acostado... pero sin cabeza. De pronto me di cuenta que ¡el mosquito coñero era la cabeza de Dios! De inmediato el mosquito se alejó riéndose con las carcajadas de los niños pequeños cuando, jugando al escondite, se les descubre en uno muy bueno. La risa era una sola pero salía de varios otros mosquitos que por allí andaban, pero fuera de mi alcance visual.

Creo que el escondite, es el juego ¡más antiguo del universo!

No volvieron a molestarme ni ese día ni al día siguiente, cuando hube de volver. ¡Oh, lector!, quiero que tú también juegues con tu mejor y más íntimo amigo.

—oOo—

Guacara/San Diego Octubre/2023

Caminaba haciendo mis diligencias, cuando escuche que me llamaban: "Domingooo", era una voz masculina, sonaba con gran familiaridad como de alguien que me conocía desde siempre, aquello me descolocó, pero yo no lograba identificarla. Así que volteé hacia el origen de la misma, iba un señor caminando solo. Sin embargo ni me veía ni tenía nada que ver conmigo, así que seguí mi camino.

Varias veces pasó el mismo fenómeno, cada vez con diferentes voces: hombres, mujeres, personas caminando o sentadas, y siempre cuando yo no estaba viendo. "Domingooo", la sensación era justo la de un llamado, las voces eran las pertenecientes a cada persona, sin embargo, tenían una especie de factor común. Era como cuando alguien de voz conocida, altera su voz para hacer de niño, viejo, mujer o como si fuera otra persona; aunque la voz parezca diferente, reconocemos en el sonido, a la persona original.

La última vez, la voz me llamó de muy cerca, tan próxima que, por un instante, el mundo pareció detenerse en torno a ella, y en ese momento me percaté del juego.

-Señor, eres tú...

—oOo—

Bárbula 31/10/2023

A las puertas de Quirón: En la sala de espera de emergencia, observaba a los pacientes, el personal, las desvencijadas instalaciones, el piso daba la impresión que no sabía lo que era un coleto, ¡desde la noche de los tiempos! Las telarañas decían lo mismo del techo. La presencia de zancudos que, como sabemos son vectores directos de terribles enfermedades contagiosas, acentuaba aún más el cuadro, una chica joven manipulaba un gavetero herrumbroso, poniendo algo de orden en su contenido, su voz juvenil y cantarina, con un toque sifrino, era hasta incongruente con la escena general, bajo sus pies una chiripa caminaba hacia uno y otro lado, pero no sentí asco o repugnancia alguna, me llamó la atención que parecía ser invisible, y la chica caminaba por toda la zona sin pisarla nunca, la chiripa estaba bien *maiceada* y se movía de lo más tranquila, en ese momento dije mentalmente: "Señor amado ¡pero que disfraz!"

La chiripa giró en mi dirección y caminó hacia mí, no sé muy bien como pero desapareció de improviso. Si había algún miedo o reticencia a la intervención quirúrgica, por nimio o enterrado que pudiera haberlo, quedó desintegrado en seco, desapareciendo como despareció el cuerpo de chiripa seleccionado en esa ocasión por el Amante de todas las criaturas.

—oOo—

13/10/2024

Pasaba por la plaza Bolívar de Guacara, cuando, de pronto varias personas que estaban viendo hacia otros lados, algunas cerca, otras más lejos, otras en la punta opuesta, voltearon hacia mí al unísono, con perfecta sincronía de giro, tiempo y altura, incluso de gesto, como si cada cabeza hubiera obedecido a una misma coreografía invisible. Ante este hecho tan insólito, imposible de no ser notado, solo atiné a pensar:

- Sé que eres tú mi Señor Amado, solo lamento no entender este juego.

La voz divina ante la cual toda oscuridad es aniquilada, así se expresó:

- *¡Solo Yo me entiendo a mí mismo! ¡Estéril tarea le espera a quien lo intente! Reconocerme en todos y en todo, eso sí es posible y es tu asignación infaltable.*

Guacara, 27/10/2024

—oOo—

Estaba de nuevo en la parada de siempre para regresar de Yagua a Guacara, mis ojos se posaron el árbol con el que ya había tenido aquella otra experiencia memorable. Recordándola un poco, la presencia de *Él* surgió una vez más, pero ahora de manera intermitente sin un ritmo fijo, iba y venía con un toque azaroso, como un juego que invita.

- Mi Señor Amado, ya conozco tu presencia en este árbol y por eso te reconozco fácilmente. Tantos incontables universos, tantos mundos en cada uno de ellos, tantos instantes de tiempo, y por alguna razón, este árbol...

De pronto, la presencia estaba también en el árbol de atrás, y en un instante en todas las matas de todo tipo, incluso las lejanas del cerro. Volteé en redondo y todo ser vegetal era Dios mismo: el monte cortado, y los restos secos de ese corte también eran Él, notando el curioso hecho que esto solo ocurría con lo que entraba en mi vista física y no en la psíquica, vi de nuevo hacia el primer árbol, y su voz juguetona salía de varios de ellos:

- *¿En cuál, en cuál?*

- ¡En todos, por supuesto!

Una risa de niño pequeño se deslizó alejándose como rebotando por el valle de Yagua. Ubicándose a una distancia indeterminada en el límite justo de mi percepción mental, para luego, con un movimiento microscópico imperceptible desaparecer de mi limitado alcance humano. El Señor había ganado el juego.

Aquellos que me adoran
con devoción
están en mí
y yo estoy en ellos
—-Baghavad Gita 9:29

El Yoga sin rodeos

-El Yoga que te mostraré es por tanto uno y varios, como yo siendo uno, soy todos, y siendo la totalidad soy también la unidad, el conflicto entre estos dos estados, que también es parte de mí, se llama Maya.

En ese instante, en mi percepción psíquica, vi delante de mí, un espejo. En el cual me veía, como era de esperarse, a mí mismo, no solo se reflejaba mi cuerpo físico, si no todo yo, como en ese momento era, mi ser desnudo en esencia, virtudes, defectos y aspectos neutros incluidos, solo se reflejaba mi ser y no el fondo u otros objetos. A continuación, la imagen en el espejo fue sustituida por la de Baghavan Krishna, me veía como yo la veía, y reflejaba exactamente cada mínimo movimiento, en breve la imagen reflejada era yo mismo,

Cuando así lo sentí, el escenario cambió, y me encontré del lado opuesto del espejo, o sea dentro, viéndome desde allí. La imagen era la misma que al principio de la experiencia, es decir me veía a mí mismo. Aun sabiendo que estaba de aquel lado, no había diferencia alguna entre un lado y el otro. Una vez más, la imagen frente a mí se transfiguró en el Señor. Y supe que el Señor del Universo se veía a sí mismo.

-Esta es la entrada a la Verdad, el Yoga sin rodeos, el rostro de todo cuanto existe, no es otro que el Divino Rostro, todas las devociones a otros rostros y a otros nombres, es dirigida a mí, pues hábito en todos y cada uno de ellos, de la misma manera que los niños al empezar un juego, se dicen "Yo soy tal y tú

eres cual", igualmente me muestro ante ellos, que juegan a estar separados de mí, el juego es tan divertido que dura incontables kalpas, pero el juego que empieza debe terminar.

Baghavan Krishna

El Ser Supremo es maestro espiritual incluso de los primeros maestros, puesto que no está limitado por el tiempo.

Samadhipada

La suma de todos los Atman, el Paratman

Aquel que ve a la súper alma acompañando al alma individual en todos los cuerpos, y que comprende que ni el alma ni la súper alma se destruyen jamás, el realmente ve. Aquel que ve a la súper alma en todos los seres vivientes, situada igualmente en todas partes, no se degrada mediante su mente. Así, el alcanza el destino transcendental. Aquel que puede ver que todas las actividades las ejecuta el cuerpo, el cual es creado a partir de la naturaleza material, y que ve que el yo no hace nada, el realmente ve.

Baghavad Gita 13:29-30

De una de las experiencias de vigilia, se desprende está práctica, sencilla pero profundamente transformadora, que puede ser hecha sin casi ningún límite.

En el primer paso debemos cobrar conciencia del Señor en nuestro corazón. Para esto se usará el poder de la atención, no es necesario imaginar nada ni forzar pensamientos, pues no estamos creando, se trata de percibir sin esfuerzo pero con constancia y **sinceridad**, una y otra vez en las circunstancias más diversas, en la calma y en la premura, en la felicidad y en la desgracia, en la salud y en la enfermedad, de día y de noche, trabajando o relajado, eufórico o en letargo, dirige tu atención al **Señor en tu corazón**, y cuando menos lo esperes, el aparecerá ante tu ojo mental, sin que lo pidas explícitamente.

A partir de este punto, se debe continuar el tiempo necesario: semanas, meses, años incluso, hasta que dicha percepción se vuelva cosa natural, no hay prisas, apuros, ni premuras, pero tampoco espacio para el descuido o pérdida de tiempo. Cuando eso ocurre, se pasa a verlo en los corazones de los demás seres humanos o no, y a reconocer, más allá de toda letra muerta, que ellos son el Señor en diferentes y múltiples formas de despliegue.

Una vez percibido por primera vez, se debe desechar toda imagen previa de dibujos, pinturas o estatuas, es necesario abandonar toda imagen preconcebida, utilizando para cualquier práctica que lo requiera, **solo** las imágenes percibidas ante el ojo mental. Este solo cambio significativo, aumentará entre el triple y el cuádruple los frutos correspondientes.

Se dice que el alma es invisible, inconcebible, inmutable e inalterable, sabiendo esto, no debes afligirte por el cuerpo.

Baghavad Gita 2:25

En lo sucesivo, cada vez que te veas reflejado en un espejo, vidrio, metal pulido, agua u otros líquidos, en breve, cada vez que te veas reflejado, detente un momento y desarrolla la **certeza** que dicha imagen es la del Señor.

En cuanto esto se halla hecho cosa natural, podrás pasar al siguiente ejercicio.

En Septiembre del 2023, quiso el Señor, en su tiempo perfecto, revelar el siguiente pasó: Debes hacer lo anterior también con tu sombra, así como con las imágenes o fotos viejas tuyas. Percatándote de que *siempre* fueron la imagen Divina, su imagen y semejanza en todo sentido. Debido al entrenamiento anterior, este paso no será prolongado, cuando mucho algunas pocas semanas, pero cada quien tiene sus lapsos y ritmos.

A partir del momento en que esto sea fluido y natural, al observar cada parte de tu cuerpo, reconoce en ella el cuerpo del Señor. Legado a este punto, se debe pasar también a sentirlo sin verlo, y al pensarlo.

Este es el Yoga sin Rodeos.

(El Señor de todos los universos prometió más profundas enseñanzas, estando yo aún encarnado)

Krishnasana

Relieve de Krishna en Sonamatapura, Wikimedia Commons

San Diego, 10 de mayo 2023

Por un rato ejecutaba el Yoga sin Rodeos frente a un espejo grande. En un momento en que la imagen dual era estable, el Señor comenzó a moverse y yo con Él. En mí oído el Divino Susurro dijo:

-Krishnasana.

A continuación, el Sinigual Instructor, el Perfecto Enseñante, ejecutó y yo junto con él, está asana.

-Yo soy las Acciones Divinas en todo y en todos.

Esta asana permite divinizar nuestras acciones de cuerpo y mente, y abandonarnos a ser **su instrumento**.

Al buscar en internet la imagen que encabeza este capítulo, encontré esta asana con el nombre de *Natavarasana*, ¡con idéntica ejecución!, y como *Krishnasana* una postura de contorsión. Mientras la información anterior pasaba por mi mente...

-Asienta todo tal y como lo has recibido.

La flauta del Señor es el instrumento del Pranayama Divino, la boquilla es Brahmarundra, los agujeros, los Chakras, los dedos los reguladores de los distintos aspectos de Dios en el mundo humano, las palmas, Ida y Pingala. Cuando Él nos insufla, somos su instrumento. La música tocada el Plan Divino, tan perfecto es el Amor Divino que tiene una melodía para cada hijo.

-¡Oh! Señor Amado con todas mis fuerzas, tu eres el Yoga sin igual, el manantial de conocimiento, el río desbordante de la liberación, el remanso de la paz, la cascada de la revelación, el mar de todos los seres, la lluvia fresca de la vida y el cese de los anhelos.

-Yo soy el aprendiz y el devoto consumado, soy el Paramgurú y también el ignorante más acérrimo, soy el Sadhana y también el Yoga, soy la Verdad, el Amor sin igual, y el destino último, y el amigo más íntimo.

Conversaciones Divinas

2020

75

-Amoroso Maestro, ¿Por qué desaconsejas el Laya yoga, y aun así este conocimiento fue dado a la humanidad?

-El Laya puede ser total y/o parcial, el Laya completo no es aconsejable, en este sentido: Al perder la individualidad, te vuelves inaccesible al mundo sufriente, porque ya no existes, en el Laya parcial, conservas la individualidad pero no en la forma previa, porque existirás sin existir, sin embargo Monje, habiendo realizado el Voto del Retorno [10], no debes preocuparte por el primer Laya, dicho voto lo vuelve inaccesible.

-Inagotable fuente de conocimiento, ¿Cuántas yogas existen en este universo?

-La cantidad total de yogas, es igual a la cantidad de segundos que existe en un segundo.

-Señor Supremo, amo absoluto de toda respuesta y toda enseñanza, manantial inagotable de todo néctar, conocedor completo del Karma de humanos y no-humanos, director de todas las cátedras, ¿Cuál puede ser alguna solución a la Pandemia actual (COVID19)?

-¿Por la ruta hacia la plaza, preguntas, cuando estás parado en su centro?

—oOo—

Mientras me duchaba, se manifestó claramente, la presencia conjunta de Krishna y Saint Germain. Quien permaneció silencioso todo el tiempo. En ese momento pensé:

-Solo puedo estar genuflexo, en este momento, en mí ser interno; aquí en la ducha no hay mucho espacio. También hay otras situaciones en las cuales es difícil o inconveniente hacerlo. En ese momento el Supremo Bien Amado dijo:

-Una persona que no tenga piernas, no puede posternarse igual que los demás, ¿significa eso que su relación con la divinidad, es inferior?

-Por supuesto que no, ¡eterno presente en todo lugar!

-Escucha y recuerda lo que sobre el Mantra como un bumerang, voy a decirte. Al igual que un bumerang, que va y retorna, así es el Mantra, que tan lejos llega depende del emisor, y de este mismo, si lo recoge de vuelta o lo extravía.

Esta es la enseñanza superficial, escucha ahora la profunda: La secuencia en que es trabajado, es la del bumerang: (Gritando) con todas tus fuerzas, en voz alta, en voz baja, como una abeja, como el sonido interno y como la ausencia de sonido, esto es invariable, cada forma multiplicando por 100 el fruto de la anterior[11], como un grito de guerra, como una arenga, como el secreto contado a un amigo, como un amante furtivo, como un dialogo interno, y como la devoción pura.

De esta manera el Mantra retorna como el universo y el universo queda dentro de ti, así como está en mí interior.

—oOo—

San Diego 14/11/2020

- ¡Oh receptor último de toda alabanza!, emanación de todo aprendizaje y lección. Me veo muy afectado por tanta mortandad y todo lo que ella implica, durante esta pandemia, soy vulnerable a esta distracción, por favor instrúyeme.

-Aún los seres infernales se rigen por las leyes divinas acordes a su condición, yo soy La Ley presente en acción en todos los planos y situaciones, en todo momento y en cada universo diverso. Estas criaturas humanas que están desencarnando entran en alguna de estas categorías, todas y cada una de ellas regidas por leyes perfectas, allende la comprensión del promedio actual de la humanidad.

Aquellos cuyo Karma ha madurado y no pudiendo ser más retardado, exige que renazcan en mundos inferiores acordes a su nivel evolutivo.

Aquellos que habiendo contagiado a otros en el pasado, deben ahora ser contagiados a su vez y renacer de nuevo en este mismo mundo.

Aquellos cuyo Karma evolutivo ha madurado y no pudiendo retrasar más su avance, deben renacer en mundos superiores, y como servicio absorben el karma del mundo enfermando y muriendo.

Aquellos cuyo Karma debe nivelarse y les corresponde morir masivamente, y así ocurre en tales circunstancias.

Aquellos que se dejan llevar por la ley de inercia sin consciencia alguna.

Aquellos que voluntariamente absorben el Karma del mundo, particularmente si su agonía es prolongada y espantosa, y retornan a este mismo mundo en breve.

Aquellos que aprovechan la situación como escape "justificado" a sus deberes establecidos en su plan divino, del cual yo soy la agenda, el lápiz y los caracteres escritos.

Aquellos que, prefiriendo voluntaria y activamente el mal, se vuelven vectores de contagio para otros, con plena consciencia de que esta encarnación cesará debido a ello.

Aquellos que, necesitan padecer y morir de esta forma, para aprender que no era necesario hacerlo así.

*¡Oh Monje!, no existe **Comprensión** de las Leyes Divinas que no esté paralelamente acompañada de la **Aceptación** de las mismas.*

San Diego 23/08/2022

- Señor Amado, presente por doquier, entiendo que tu tiempo es perfecto, aun así, muchas veces, en esta humana jornada, siento que el tiempo no está a mi favor, ¿Cómo puede ser dominado el tiempo?

- Del tiempo yo soy su inicio y su fin, y también soy la atemporalidad, soy el lapso entre un instante y el siguiente, quien me conquista, conquista también el tiempo y la muerte.

- Supremo Hacedor del tiempo y el espacio, ¿Cómo puede una criatura conquistar al Sin Igual?

- La conquista de que hablo, es la conquista amorosa, su cortejo es el Sadhana, las pruebas el Padre de la Novia, la determinación el acto de Compromiso, el matrimonio el Yoga, y el Samadhi su consumación.

—oOo—

San Diego 03/10/2022

Esa noche, mientras recitaba el mantra, me sentía como un bote en plena tormenta. Ante la Divina Presencia, todo se transformó: el violento oleaje se redujo a un mar ligeramente picado, en ese momento con el corazón abierto, inquirí por instrucción:

- Incomparable Benefactor Eterno, reconozco las semillas de miedo y de odio, como aún existentes muchas de ellas en mí, ¿Cómo pueden ser destruidas, en esta misma vida?

- Ninguna semilla puede germinar sin terreno, o si el terreno es inapropiado para su naturaleza, no hay nada ulterior que agregar a esta instrucción.

—oOo—

San Diego 09/03/2023

- Desde el día anterior, había sido particularmente presa de emociones discordantes y debilitadoras, acumuladas por muchas vidas. A duras penas lograba entonar el mantra, con gran cantidad de interrupciones y letargos. Lo hacía en voz audible por algunos instantes, solo para quedar después sin fuerzas. Me sentía desolado y débil, pero consciente de ambas cosas. La imagen del Baghavan se hacía intermitente en mi mente, como un náufrago que se hunde y aflora del agua, tomando aire a bocanadas. En ese estado el Conocimiento Supremo vino en mi ayuda:

- *Cuando parpadeas, todo sigue estando allí, en donde no lo ves por momentos.*

Gradualmente retomé la estabilidad, y...

- *De cualquier conocimiento espiritual que desees adquirir, la fuente la encontraras en mí, pues yo soy la sabiduría inmanente, soy la erudición, el proceso reflexivo y su respectiva conclusión, soy el discurso erudito, soy la transmisión exotérica, esotérica y también la silenciosa, y dado que todas de mi emanan, a mí también regresan. Nada permanece oculto a quien es tocado por mi Gracia Inconmensurable, yo soy la puerta del conocimiento, soy la cerradura, la llave y también soy el guardiero.*

-¡Oh! Inefable Corazón de Oro Puro, las lenguas de innumerables sabios de todas las épocas, idiomas, universos y dimensiones, son fragmentos infinitesimales de la tuya.

¿Qué conocimiento puede superar al que versa sobre ti, el objeto último de todo estudio, la razón causal de recorrer este camino?, el faro que girando incansablemente por doquier guía a todos.

Conversando contigo, como Gurú y Amigo, no veo que otra cosa podría anhelar Señor Amado, que no sea la prolongación de tu presencia en todo momento. ¡Pero eso ya lo tengo!, de lo que carezco es de la plena y definitiva consciencia de esta verdad eterna.

Esta obnubilación estaría teñida de egoísmo si no pensara en las miríadas de seres que te desconocen. Quisiera que todos ellos, pudieran encontrarte, en la forma que sea, incluso si está es parcial o incompleta. Tu eres el alimento que todo lo sacia, el néctar que calma la sed de los eones. Nadie puede comer o beber ¡de un solo golpe!, cuanto más para lo infinito, incluso aún para lo inconmensurable. Sin embargo el conocimiento parcial acerca de ti, Señor de Señores, es como empezar a comer, como empezar a beber el primer sorbo, y solo puede terminar algo aquel que lo ha comenzado.

Si algún conocimiento o método fuera proveído por tu Gracia, te lo pido en el nombre de quienes no pueden hacerlo, y de los que, pudiendo, desconocen siquiera que tienen dicha posibilidad.

Ya he empezado a comer, mi Dios Amado. Te ruego por los que aún tienen el plato vacío y por aquellos que teniéndolo pleno, es como si no lo vieran.

- Tu Plan Divino devendrá expandido. Sabe también que yo soy el impulso espiritual, el Supremo Atrayente, la experiencia mística y la razón de Ser.

—oOo—

San Diego 26/09/2024

Leía un libro sobre meditación, un texto sencillo destinado a legos en el tema. No me hubiera atraído la atención de no haber sido un regalo. En una sección donde trataba a *grosso modo* de los mantram, estaba un mantra que había conocido hace años durante una sesión de *Cuántica Intensa*, yo hacia la sanación y a una de las receptoras le resonaron OM NAMA SHIVAYA, el mismo mantra mencionado en el texto que estaba leyendo, me gustó y al momento de entonarlo todo era el Señor, pero de mis labios salio un mantra diferente que sonó así:

OM NAMA KRISHNAYA.

Y la más dulce, la más sabia, la más anhelada de todas las voces, la de Él, dijo:

- Quien este mantra entone desde un corazón puro, tendrá mi asistencia inmediata, calmará cualquier tempestad, derribará todos los obstáculos, triunfara sobre cualquier enemigo, resolverá el misterio más enrevesado, sanará los enfermos, enderezará lo torcido, anulará el hambre y la sed, y logrará el éxito en cualquier empresa. Y por encima de estas ganancias menores y temporales, yo estaré con él y el conmigo.

OM NAMA KRISHNAYA. OM NAMA KRISHNAYA. OM NAMA KRISHNAYA.

Inspiraciones

¡Oh! Gurú inefable, te presentas ante mí, en tu forma personal, sin que medie llamado alguno, tú eres la causa primordial y yo la consecuencia, tu dictas y yo anoto, como ha sido la norma en este mundo, durante incontables eones, solo han cambiado los medios que sirven de registro.

—oOo—

¡Oh! Aquel que no posee rival, eres el manantial del que brota este Dharma, eres el Dharma mismo y los oídos que lo escuchan, eres el medio de registro y la acción de escribir, también eres el escriba, y eres los destinatarios, eres todo en todo.

—oOo—

Inagotable rio del más dulce néctar, mar que no empalaga jamás, al que te juzga lejano, lo sorprendes como un aguacero.

—oOo—

¡Señor Supremo de todos los epítetos!, eres infinito, inconcebible, inabarcable, ¿Cómo podría el fragmento conocer a la unidad?, aun así por tu gracia sin mesura, te muestras ante los yoguis y los legos, asumiendo formas a su alcance y condición.

—oOo—

¡Sí Señor Amado!, si tu edad es infinita tu sabiduría también lo es, por lo tanto aún la lógica dictamina que no hay nadie más sabio que tú, fuente inagotable de todo néctar instructivo.

—oOo—

¡Señor Amado eres el *Non Plus Ultra* de las aspiraciones!, quien te alcanza de cualquier manera, ya no desea nada más.

El reino de Dios está ubicado donde tú estés, si apareces en sueños, el mundo onírico es tu reino, si te manifiestas en un bosque, el valle entero es tu reino, lo mismo ocurre si es en una habitación, en un plano mental o el corazón, ese es exactamente el Reino de Dios.

Por tanto todos los universos son tu Reino Precioso, pues ellos están en ti.

Ni dirán: Helo aquí, o helo allí; porque he aquí el reino de Dios está entre vosotros.

Lucas 17:21

—oOo—

- Que remarcable ese aspecto de la humanidad: el de persistir en el error a cualquier precio, sin tu Gracia a tu sola voluntad suscrita, jamás se saldría de las inferiores esferas, no la merezco pero ¡hela!

Quien por un infinitesimal destello de la Gracia Divina, ve lo que Él a bien tuviere, ya no vuelve a ver eso, con humana mirada.

—oOo—

01/01/2025

¡Oh! Krishna, Señor universal, tu eres la certeza infalible, el amo de cada implacable minuto, la entrada, la salida, el instante infinitesimal entre el 2024 y el 2025, ¿Qué puedo desear para el año venidero? Cuando por un instante surcas mi mundo y ya no deseo otra cosa, ¡Quédeme contigo Señor transcendental!

—oOo—

23/01/2025

Tu presencia Omnipresente es igual a ¡la concentración perfecta! Así lo pensé un tiempo, hasta que vi que la consciencia de mí mismo ante ti, le restaba perfección.

Quema todo vestigio de mí en el fuego de tu Amor Transcendental y se hará lo perfecto, pero no quedará nadie que lo atestigüe ni nadie que lo relate, hasta la puerta -si acaso- lleguen las palabras más audaces.

Meditación en los Divinos Atributos

[I]

Antes que naciesen los montes y formases la tierra y el mundo, desde el siglo y hasta el siglo, tú eres Dios.

Salmos 90:2

Porque el espíritu es el mismo, ayer, hoy y para siempre.

2 Nefi 2:4

Esta meditación está dividida en dos ciclos: un ciclo corto o fundamental y otro largo o extendido. El último incluye al primero, integrándolo de manera natural. Trata del aspecto impersonal de la divinidad, en tanto que el Yoga sin Rodeos trata el personal. Ambos se complementan y son uno y lo mismo.

Ciclo fundamental: Los Divinos Atributos a tomar como tema meditativo son: Omnipresencia (Espacial y dimensional), Omni-sapiencia (Omni-ciencia) y Omnipotencia, es decir los atributos principales. El orden en que se medite sobre estos atributos es libre e irrestricto.

Ciclo extendido: En este ciclo, los temas de meditación son: Omnipresencia espacial, dimensional, circunstancial y temporal (Eternidad), Omni-sapiencia (Omni-ciencia), Omni-videncia, Omni-audiencia, Omnipotencia, Inmutabilidad, Infinitud, Perfección, Amor y cualquier otro de interés para el practicante.

Se inicia este ciclo con los que contienen el Om, en cualquier orden, seguido del resto, en cualquier orden, hasta completar el total de temas.

La Personalidad de Dios el Señor Krisna (Govinda), es el refugio exclusivo de todos los mahatmas, y sus atributos transcendentales ni siquiera los pueden medir los amos de los siddhis, tales como el Señor Shiva y el Señor Brahma...

Srimad Bhagavatam 1:18:14

A su vez, la práctica meditativa puede realizarse en grupo o en solitario, dependiendo de la preferencia y la disponibilidad del practicante. En el caso de la practica grupal, uno de los participantes, dirigirá la meditación, idealmente alguien que ya haya completado, por lo menos el ciclo fundamental, ya que esto le permitirá guiar a los demás con mayor profundidad y conocimiento.

Necesitarás un espacio cómodo y tranquilo, lápiz y unas hojas sueltas o libreta. La postura es importante, puedes sentarte en una silla, banquito, cojín o estera, siempre y cuando la espalda este recta sin esfuerzo, y no apoyarse en espaldares, árboles o paredes.

Quien domine una asana de meditación, puede asumir a su criterio la que considere más adecuada para su práctica. Es importante que la práctica se realice con el máximo respeto y dedicación, permitiendo que cada meditante se enfoque plenamente en los atributos divinos y en la conexión con el ser supremo.

La respiración es un elemento fundamental, es profunda y amplia, realizando la inhalación y la exhalación siempre por la nariz. Se inicia con tres de estas respiraciones, calmadas y conscientes. Luego de la *cuarta* inhalación, se pronuncia el *OM*, hasta agotar la respiración por completo. Se cuentan tres respiraciones más, y en la cuarta se pronuncia el atributo seleccionado para esa sesión, ejemplo: Omnipresente, agotando también toda la exhalación. El atributo se pronuncia de nuevo a la mitad del tiempo y para finalizar, como última respiración.

Postura.
   3 respiraciones.
   Ommm.
   3 respiraciones.
   Ommmnipresente.
   6 minutos/respiraciones.
   Ommmnipresente.
   6 minutos/respiraciones.
   Ommmnipresente.
   Fin.

El tiempo puede medirse en minutos o respiraciones, lo que resulte más armónico cuando es un grupo, su número es de **6**.

El tema se mantiene en la mente, observándolo y asimilándolo. Si la mente divaga, suavemente la enfocamos de nuevo, sin juicio ni frustración.

Cuando se inicia la primera vez, estos ciclos, lo mejor es una semana por medio, el ciclo extendido, puede ser cada cinco días, y a partir de allí al gusto o disponibilidad del practicante o grupo de practicantes.

Está practica tiene dos partes, una interna y otra externa, que al igual que todo en la vida, es la proyección de la primera.

Durante el lapso de tiempo que transcurre entre una sesión meditativa y la siguiente, la práctica consiste en observar la manifestación del Divino Atributo en cuestión, en la vida del día a día y tomar nota escrita de ello.

En las notas se asentará la respuesta a estas o similares preguntas:

¿Cómo se manifiesta?

¿De qué forma lo percibo?

¿Qué implicaciones tiene para mí, este nuevo conocimiento?

Si se practica en grupo, estas anotaciones se comparten antes de la siguiente sesión. Este compartir consiste en escuchar a cada practicante, y *solo eso*, no hay comentarios ni observaciones de ningún tipo, sin juicios ni comparaciones.

Citas

Estas citas están aquí para ser tema de reflexión e interiorización junto con el estudio del néctar.

Arjuna Dice: "Oh, Krishna tú eres mío, absolutamente mío". Krishna responde: "No, Arjuna, ni tuyo ni mío. Nosotros somos la unidad completa, dentro y fuera.

Sri Chinmoy

Quiero enseñarte que no es el número de horas, ni el número de flores, sino el poder de concentración, el poder de la dedicación, el que cuenta.

Krishna

Tú eres nuestra amante madre; tú eres nuestro padre compasivo; tú eres nuestro amigo verdadero y compañero constante. Tú eres nuestro único tesoro y nuestra única sabiduría. Tú eres todo en todos.

Oración Hindú

El Señor no está lejano ni inaccesible.

Maharamayana

Una persona que no se perturba por el incesante fluir de los deseos, es la única que puede alcanzar la paz, y no el hombre que se esfuerza por satisfacer tales deseos. Solamente puede alcanzar la paz verdadera una persona que ha renunciado a todos los deseos por la complacencia de los sentidos, que vive libre de deseos, que ha renunciado a todo sentido de propiedad y que esta desprovista del ego falso. Este es el camino de la vida espiritual y divina, y después de alcanzarla un hombre no se confunde más. Encontrándose así situado, uno puede entrar al reino de Dios incluso a la hora de la muerte.

Baghavad Gita 70-72

Del mismo modo que un único Sol ilumina todo el mundo, hay un espíritu que ilumina todos los cuerpos. En aquellos a los que el conocimiento del verdadero yo ha disipado la ignorancia, se revela el Supremo, como si le iluminara el Sol.

Él es el único Dios, oculto en todos los seres, Omnipresente, el Yo que hay en todos los seres, que cuida de todos los mundos, que habita en todos los seres, el testigo, el observador. [...] Dios se oculta en todos los corazones

Dicho Hindú

Para un sabio dotado de Visión Espiritual, los Vedas tienen tanta utilidad, como un pozo que ha sido cubierto por una inundación.

Baghavad Gita, 246

El Señor debe ser adorado con nuestra pobreza y nuestra prosperidad. El Señor debe ser adorado incluso con nuestras peleas y disensiones, igual que con nuestros deportes y nuestros entretenimientos y con las manifestación de las emociones de amor y de odio. El Señor debe ser adorado con las nobles cualidades de un piadoso corazón: la amistad, la compasión, la alegría y la tolerancia"

Yoga Vasishta

Cuando se produce un verdadero desapego, ni los dioses mismos pueden distraernos de la meditación.

Yoga Vasishta

Pero ni por los Vedas, ni por austeridades, ofrendas y limosnas, puede nadie verme como tú me viste.

Baghavad Gita, 11:53

Notas

[0] Mawashi, practica de Reiki, consistente en sanación/ejercicios grupales.

[1] Maha mantra.

[2] Palabra de cariño, que significa, tierra habitada por gochos.

[3] Posiblemente el más básico pero poderoso, de todos los ejercicios en dicho sistema.

[4] Actualmente lista de sanación.

[5] El pequeño Khesa/Capa.

[6] Técnicamente se conoce como momentun de inercia.

[7] El cuarto Buddha del eón actual.

[8] En cierto punto de la evolución, la simultaneidad surge como posibilidad, luego como necesidad, y, finalmente como realidad.

[9] Ilusión o autoengaño.

[10] El Paramgurú usa este término para los 4 votos del Bodhisattva, los cuales, sin retornar (renacer) serían imposibles de llevar a cabo.

[11] Cada forma también, incrementa el nivel de exigencia en la concentración.

Notas de las imágenes

[A] http://vedsutra.com/media

https://creativecommons.org/licenses/by-sa/4.0/

Reducido tamaño, filtro de carboncillo, transparencia, recorte.

[B] Escultura de Krishna en bronce tallado

https://pixabay.com/

https://pixabay.com/service/license/

[C] Pintura abstracta

https://www.wallpaperflare.com/

https://creativecommons.org/licenses/publicdomain/

[D] Sommer forest

Radosław Cieśla[1] from Pixabay[2]

https://pixabay.com/service/license/

[E][F][J] Autoría propia.

[G] Krishna en textura de aguja. Pintura acrílica, Nil.Pawaskar[3]

https://commons.wikimedia.org/

https://creativecommons.org/licenses/by-sa/4.0/deed.en

[H] Luz primaveral en el bosque, Elstef.

https://pxhere.com/es/photo/1604626

https://creativecommons.org/publicdomain/zero/1.0/

[I] Om en escritura devanagari, GDJ.

https://pixabay.com/es/vectors/om-lotus-budismo-devanagari-5292606/

https://pixabay.com/es/service/license/

---

1.   https://pixabay.com/users/

ersi-808604/?utm_source=link-attribution&utm_medium=referral&utm_campaign=image&utm_content=8687

15

2.   https://pixabay.com/?utm_source=link-attribution&utm_medium=referral&utm_campaign=image&utm_c

ontent=868715

3.   https://commons.wikimedia.org/w/index.php?title=User:Nil.Pawaskar&action=edit&redlink=1

Acerca del Autor

Domingo A. Montes G. es natural del Tigre Edo. Anzoátegui, Venezuela, nació sietemesino e iniciando los 70s; el esoterismo sin ISBN y el Bhaktivedanta Raja Yoga, constituyeron junto con "Condorito" y "Mortadelo y Filemón" entre otros, sus lecturas asiduas apenas estuvo en capacidad de leer de corrido. De la mano de Stephen King y James Clavell adquirió la costumbre de leer tamañas obras de corrido.

Desde temprana edad se sintió atraído por las grandes culturas, sus misterios y sus aspectos espirituales y esotéricos, así como por los avances tecnológicos y científicos, los hechos extraños, la vida extraterrestre y las maravillas de la naturaleza.

Gracias al excelente Karma de practicar el Buddha Dharma, bajo las líneas Zen Soto y Vajrayana Karma Kayu, junto al criterio inclusivo de la espiritualidad criolla, sistemas variopintos han fructificado, para el bienestar de todos los seres.

Defensor declarado de la Sabiduría Criolla, la autodeterminación de los grupos humanos, y los siete cueros, expone sin egoísmos ni pretensiones, lo que el Cosmos ha puesto a su alcance.

Habiendo ya investigado, ya practicado, ya conocido diversos y contrastantes caminos espirituales, entre ellos: Catolicismo, espiritismo y sincretismo, Magia Blanca, Magia natural, Gnosis en tres sectas, Elan Vital de Gurú Maharaji, Disciplina Mental/Ocular de E. Clarck, Metafísica, Cienciología, Programación Neurolingüística, Sukyo Mahikari, testigos de Jehová, Sistema Vietnamita de Yoga/Sanación, Seichem Reiki, CHIOS HEALING, Sanación Pránica, Artes Marciales, Shiatsu, Yoga del estado del Sueño, Spirit patology healing in the cristh"s blood entre otros, Seichem Reiki Master.

Información de contacto

Correo:

domingo.alberto.montes@gmail.com

Facebook:

https://www.facebook.com/profile.php?id=1081942890

Don't miss out!

Visit the website below and you can sign up to receive emails whenever Domingo A. Montes G. publishes a new book. There's no charge and no obligation.

https://books2read.com/r/B-A-AXBOB-WDELD

BOOKS 2 READ

Connecting independent readers to independent writers.

Did you love *El Néctar de las Divinas Enseñanzas*? Then you should read *El Abrazo Divino, el Tetra Yoga de Jesús el Cristo*[1] by Domingo A. Montes G.!

---

1. https://books2read.com/u/4A1Xpo

2. https://books2read.com/u/4A1Xpo

Also by Domingo A. Montes G.

Clásicos del Reiki Japonés
Usui Reiki Hikkei, Guía de Reiki de Usui Sensei

Miyamoto Musashi, Obras
Go Rin no Sho - El Libro de los Cinco Anillos

SHInTao Seichem Reiki - El estilo del Dragón de Fuego
SHInTao Seichem Reiki Shoden - Guia del Nivel Uno. El Sendero del
Dragón de Fuego.

Standalone
El Amado Arcángel Cassiel, Señor del rayo Oro/Violeta
El Néctar de las Divinas Enseñanzas
Sanación Espiritual con Péndulo Consagrado "Nuestro Método", la
forma de péndulo más evolucionada
El sentido De La Vida - En castellano
El Abrazo Divino, el Tetra Yoga de Jesús el Cristo
Siete Capas

101 Preguntas, mitos y errores En la sanación espiritual
Bendiciones Para Todos
Makiwara no Sho
Cronotopía
El OjO Silente